Nelson Gonçalves, o amor e o tempo estreou no dia 04 de janeiro de 2019, no teatro Clara Nunes, no Rio de Janeiro.

Em São Paulo, a estreia aconteceu no dia 03 de maio de 2019, no teatro Gazeta.

Texto
GABRIEL CHALITA

Direção e coreografia
TÂNIA NARDINI

Elenco
NELSON GONÇALVES HOMEM: GUILHERME LOGULLO
NELSON GONÇALVES MULHER: JULLIE

GABRIEL CHALITA

NELSON GONÇALVES,
O AMOR E O TEMPO

TEATRO

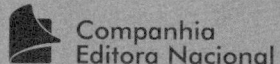
Companhia
Editora Nacional

© 2019, Companhia Editora Nacional.
© 2019, Gabriel Chalita.
Todos os direitos reservados. Nenhuma parte desta obra pode ser reproduzida ou transmitida por qualquer forma ou meio eletrônico, inclusive fotocópia, gravação ou sistema de armazenagem e recuperação de informação.

Diretor-presidente: Jorge Yunes
Diretora editorial: Soraia Luana Reis
Editor: Alexandre Staut
Assistência editorial: Chiara Mikalauskas Provenza
Revisão: Carmen Lúcia Bueno Valle
Coordenação de arte: Juliana Ida
Fotos da peça: Dan Coelho
Fotos do Nelson Gonçalves: Acervo pessoal Lilian Gonçalves

Ilustrações de miolo © Shutterstock: Theatre masks © Nazar Dyablo; Silhouette of dancing couple isolated on a white background © Yulia Lavrova; Simple black ornamental decorative frame © 100ker; White hourglass vector icon on grey background © Anthonycz; Music notes © Vectorry; Musical poster for your design © Karina Petruchok; Microphone doodles © Canicula; Empty stage with red velvet curtains with spotlight © SimoneN.

1ª edição - São Paulo

CIP-BRASIL. CATALOGAÇÃO NA PUBLICAÇÃO
SINDICATO NACIONAL DOS EDITORES DE LIVROS, RJ

C426n

   Chalita, Gabriel
     Nelson Gonçalves : o amor e o tempo / Gabriel Chalita ; [fotos Daniel Coelho de Oliveira]. - 1. ed. - Barueri [SP]: Companhia Editora Nacional, 2019.
   120 p. : il. ; 21 cm.

   ISBN 978-85-04-02111-0

   1. Gonçalves, Nelson, 1919-1998. 2. Cantores - Brasil - Biografia. I. Oliveira, Daniel Coelho de. II. Título.

19-56589   CDD: 927.8164
                                         CDU: 929:78.071.2(81)

Leandra Felix da Cruz - Bibliotecária - CRB-7/6135

17/04/2019   17/04/2019

Rua Gomes de Carvalho, 1306, 11º andar, conjunto 112 – Vila Olímpia
São Paulo – SP – 04547-005 – Brasil – Tel.: (11) 2799-7799
www.editoranacional.com.br – marketing.nacional@ibep-nacional.com.br

Nelson disse repetidas vezes: "Meu destino é cantar".

Suas canções permaneceram. Sua vida, também.

Seus erros o humanizaram. Seus recomeços o elevaram a um patamar de inspirador.

Os tantos "nãos" que recebeu não foram suficientes para calar a sua aspiração.

Quem tem o direito de impedir um sonho de nascer? Quem tem o poder de prever se dará certo ou não? A quem foi dada a chave para abrir o futuro de outrem?

A vida de Nelson é um fechar constante de portas e um abrir necessário de um corajoso. Nem mesmo a prisão o prendeu. Ele foi adiante. Sujo, limpou-se. Limpo, ousou dizer que o Boêmio voltara novamente. E prosseguiu.

Existe destino? Ou cada um escreve a própria história? Nelson não filosofou sobre isso. Mas decidiu se conduzir.

Os seus dualismos são dualismos comuns a toda a gente.

O que é mais necessário: a razão ou a emoção? Quem deve nos comandar?

Ou é possível convidar os dois para dançarem juntos?

Na peça, o NELSON HOMEM é a emoção e o NELSON MULHER é a razão. Poderia ser o inverso. Não importa muito. O que importa é sabermos que é natural que eles briguem, que é humano que um queira dominar o outro.

A razão, na peça, é uma mulher tentando mostrar o quanto sofreu. Tentando clarificar que os ditos podem não nascer da sinceridade. Apontando para a dor de um fim. Quem já não sofreu com algum fim? Quem já não se decepcionou com uma história de amor que teimou em terminar?

A emoção, na peça, é um homem tentando vencer as imperfeições e prosseguir amando.

Como viver sem amor? Mesmo sabendo que pode terminar?

E, assim, eles discutem. Mas eles também dançam. E a dança lhes autoriza o abraço. E o abraço traz o aconchego. E, novamente, o amor. E o medo. E o pensamento começa a doer. E não se pensa em mais nada. E lá se vai a razão. E, quando volta, não quer mais correr riscos.

Foi assim com Nelson. É assim com todo mundo. O amor é a matéria-prima que nos constitui. E a razão, também.

Este livro nasce para apresentar um pouco da vida desse cantador. Em um texto de teatro. Em conflito entre razão e emoção. Em um abrir das cortinas para as iluminuras que são capazes de nos apontar o caminho a seguir. Como destino? Como decisão livre? Não importa. O que importa é prosseguir.

Minha homenagem ao Nelson cantador. Ao Nelson pai, avô. Ao Nelson que deixou uma linda família que tive a oportunidade de conhecer. Ao Nelson que ainda inspira o início de tantas histórias de amor e que ainda canta nos cantos doloridos de alguém que sozinho ficou.

"NAQUELA MESA ELE SENTAVA SEMPRE.
E ME DIZIA SEMPRE O QUE É VIVER
MELHOR. NAQUELA MESA ELE CONTAVA
HISTÓRIAS QUE HOJE NA MEMÓRIA EU
GUARDO E SEI DE COR."

Nelson Gonçalves, o amor e o tempo

Foi em uma tarde de junho de 2018 que Guilherme Logullo me procurou para falar da possibilidade de fazermos um projeto que resgatasse antigas canções e antigos cantadores.

Revisitamos algumas letras e comentamos sobre os temas atemporais que embalam os compositores. Encantado com a ideia, propus-me a rabiscar um primeiro esboço de texto para uma nova conversa.

Quando comecei a pesquisa, Nelson "me avisou" que faria 100 anos em junho de 2019. Ele dizia com alguma frequência que não gostaria de ser esquecido. E, a propósito, ele realmente não poderia ser esquecido. Sua voz e suas músicas ficariam marcadas para o resto de nossas vidas. Sonhei, fantasiei, imaginei e voltei à realidade para concretizar este sonho.

Procurei o Logullo para conversar a respeito. Resolvemos, assim, deixar os outros cantores para outra ocasião. O espetáculo seria para obedecer ao aviso de Nelson.

Optei por fazer uma composição textual que o homenageasse sem contar de forma linear a sua história. Dançando com as letras das canções que ele cantava, pensei um texto que trouxesse as iluminuras do amor e as passagens do tempo.

"O amor nos retira da multidão e
nos faz únicos".

O AMOR É A MATÉRIA-PRIMA DOS
CANTORES ROMÂNTICOS. O AMOR É O
OXIGÊNIO DA INDIVIDUALIDADE DA ALMA.
RESPIRAMOS PLENOS QUANDO
ESTAMOS AMANDO.

E O TEMPO? O TEMPO É CAPRICHOSO.
NÃO NOS OBEDECE. TEM O SEU CURSO
PRÓPRIO. É COMO UM RIO.
PASSA SEM PAUSAS.

Das duas semânticas, "amor" e "tempo"

Nasce o Nelson que queremos apresentar. Emoção e razão. Vive além dos "nãos" e preenche sua vida com canções de amor. Aprisionado, levanta-se. E canta novamente. Porque é esse o seu lugar no mundo.

Quando assisti ao ensaio, ainda no processo inicial, fiquei profundamente feliz. Jullie e Logullo são Nelson. Dizem e cantam com elegância, dirigidos pela competente Tânia Nardini e pelo talentoso Tony Lucchesi. Fause Haten estava experimentando algumas roupas. O camarim do palco conversava com os ajustes necessários. E, de repente, começaram a dançar Carlos Gardel.

Era um dezembro carioca. A temperatura dos ensaios fervia em entusiasmos. Queremos que os jovens conheçam Nelson Gonçalves. Queremos que as suas canções continuem a despertar amores e a curar despedidas. Queremos que sua vida siga inspiradora. Nada de perfeições. Tudo de recomeços.

EM 2019, COMEMORA-SE O CENTENÁRIO DE
NASCIMENTO DE NELSON GONÇALVES, UM
DE NOSSOS MAIS IMPORTANTES CANTORES,
UM INTÉRPRETE QUE,
COM SUA GENIALIDADE, REVOLUCIONOU
A HISTÓRIA DA MÚSICA BRASILEIRA.
SUAS CANÇÕES FIZERAM NASCER
HISTÓRIAS DE AMOR E PROVARAM
QUE O TEMPO DO ROMANTISMO É O
MELHOR DE TODOS OS TEMPOS.

A PEÇA
A Peça

Encenação

*A*o fundo, uma cortina francesa clara que serve como jogo para a mudança de cores da cortina de *led*. Pernas laterais de tecido na cor vinho com estrutura de malagueta e cordas representando a estrutura do teatro. Uma banda com cinco músicos ao fundo. Um praticável central demarca a área de show. Também considerada como ringue de luta no *medley* musical. Temos à frente tapetes decorativos demarcando dois camarins. À esquerda do palco, uma cadeira, uma bancada com whisky e copos. Pincéis de maquiagem e uma luminária. Um manequim com rodas. À direita do palco, uma cadeira, um baú, algumas malas com um abajur em cima. Um porta paletó. O piso é desenhado com carpete de forração preto. As cadeiras do camarim são usadas para a maioria das cenas. As cenas são alternadas entre camarim e show.

Música:
Quando eu me chamar saudade

NELSON HOMEM

Sei que amanhã
Quando eu morrer
Os meus amigos vão dizer
Que eu tinha um bom coração

NELSON MULHER

Alguns até hão de chorar
E querer me homenagear
Fazendo de ouro um violão

CANTAM JUNTOS...

Mas depois que o tempo passar
Sei que ninguém vai se lembrar
Que eu fui embora
Por isso é que eu penso assim
Se alguém quiser fazer por mim
Que faça agora

Me dê as flores em vida
O carinho, a mão amiga
Para aliviar meus ais
Depois que eu me chamar saudade
Não preciso de vaidade
Quero preces e nada mais

Me dê as flores em vida
O carinho, a mão amiga
Para aliviar meus ais
Depois que eu me chamar saudade
Não preciso de vaidade
Quero preces e nada mais

NELSON MULHER
Mas depois que o tempo.

NELSON HOMEM
Depois que o tempo.

NELSON HOMEM
Faz 100 anos que ele nasceu.
E permaneceu.
Suas canções. Sua voz. Seus desatinos.

NELSON MULHER
Errou Nelson, reconheceu os erros.

NELSON HOMEM

Chorou Nelson, agradeceu os que estiveram com ele nos espinhos dolorosos que feriram sua alma.

NELSON MULHER

Reergueu Nelson. E prosseguiu cantando. Como uma necessidade. Como uma vocação. Como um poder que o fazia maior em cada canto.

NELSON HOMEM
Suas canções, que perfuraram o tempo, enaltecendo o amor, são a melhor homenagem a esse cantador.

FALAM JUNTOS...

NELSON HOMEM
Nelson não foi embora.

NELSON MULHER
Nelson não foi embora.

NELSON HOMEM
Ficou. Consigo ouvir sua voz. Suas declarações. E, se fecho os olhos, a imagem que fica aquece.

NELSON HOMEM
Eu sou Nelson Gonçalves. Meu destino é cantar.

NELSON MULHER
Eu sou Nelson Gonçalves. Meu destino é cantar.

CANTAM JUNTOS...

Mas depois que o tempo. Depois que o tempo passar

NELSON HOMEM
O TEMPO E O AMOR.
O QUE É MAIS FORTE, O TEMPO OU O AMOR?

FALAM JUNTOS ...

NELSON HOMEM
O TEMPO.

NELSON MULHER
O AMOR.

NELSON MULHER

O tempo esquenta o amor. Ou esfria o amor.
O tempo cicatriza a ferida doída de um amor.
O tempo faz o que quer com quem ama.
O amor não se sabe se é ou se não é.
Quantas promessas quebradas, quantos ditos desperdiçados.
Já o tempo, esse se sabe que nunca para.

NELSON HOMEM

É o amor que faz o que quer com o tempo.
É o amor que me faz sentir assim, hoje, ao seu lado, neste tempo que permanecerá para sempre.

NELSON MULHER
Tempo nenhum permanece para sempre.

NELSON HOMEM
Então, eu tenho razão. O amor é mais forte do que o tempo.
Porque o amor, quando é amor, permanece para sempre.
Eu canto o amor.

NELSON MULHER
Eu canto o amor, sabendo que nem sempre o amor é amor.

NELSON HOMEM
O tempo do amor é único.
Um luar.
Um pensar.
Um dizer.
Um dançar.
Por que não?
Você dança comigo?

NELSON MULHER
Assim, sem você me dizer quais são suas intenções?

NELSON HOMEM
Minhas intenções?

NELSON HOMEM
Fica comigo?

Música:
Fica comigo esta noite

NELSON MULHER

Fica comigo esta noite
E não te arrependerás
Lá fora o frio é um açoite
Calor aqui tu terás

Terás meus beijos de amor
Minhas carícias terás
Fica comigo esta noite
E não te arrependerás

NELSON HOMEM
OLHE PARA MIM. MEUS OLHOS ESTÃO DIZENDO.
O RESTO, EU DIREI DEPOIS. SE SOBRAR TEMPO OU NECESSIDADE.

NELSON HOMEM

Quero em teus braços, querida
Adormecer e sonhar
Esquecer que nos deixamos
Sem nos querermos deixar

Tu ouvirás o que eu digo
Eu ouvirei o que dizes
Fica comigo esta noite
E então seremos felizes

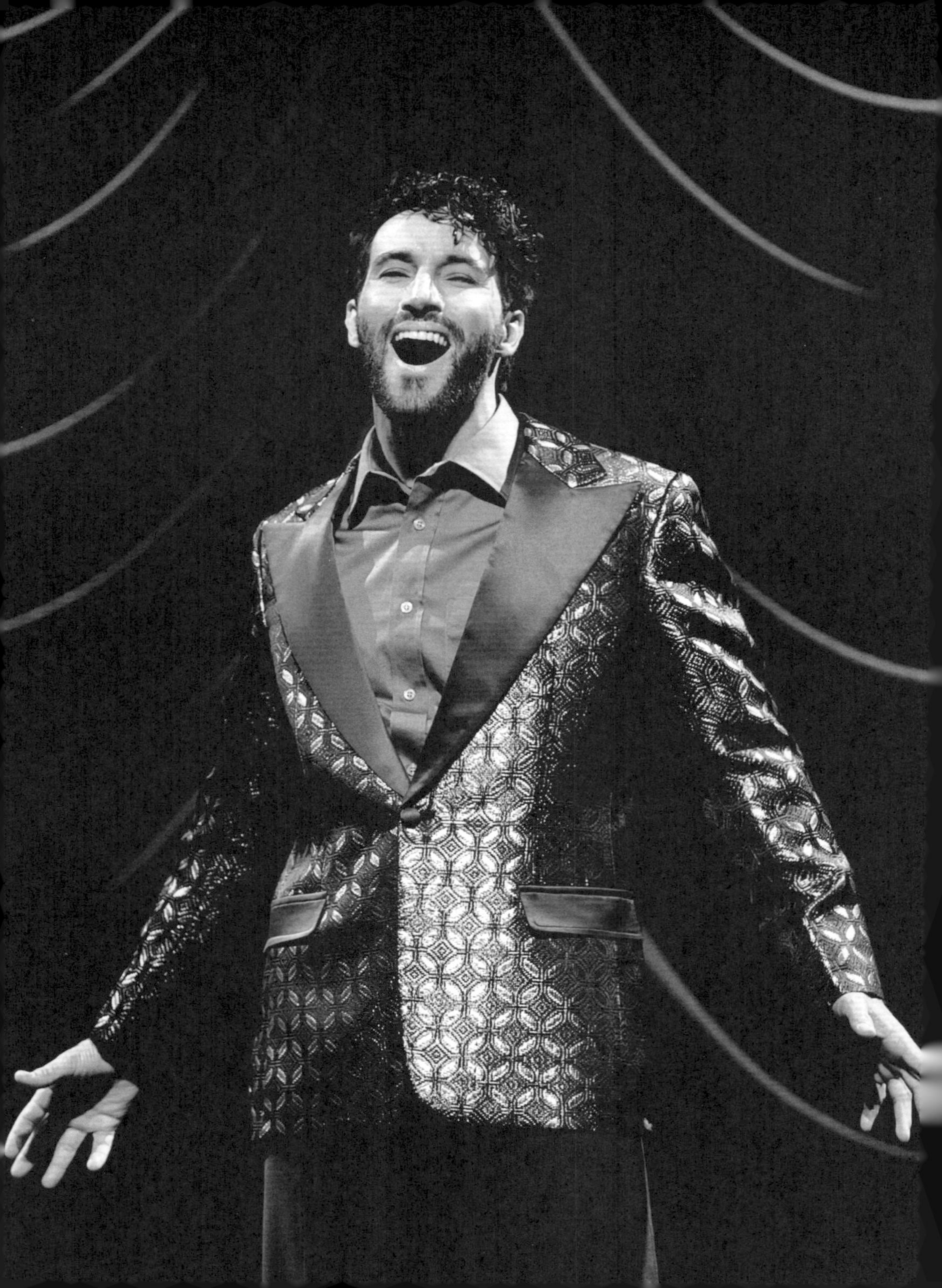

NELSON HOMEM
Dança comigo?

NELSON MULHER
Danço. Claro que danço. Mas não se esqueça de que a dança acaba.

NELSON HOMEM
Será?

(Os dois começam a dançar o instrumental de Carlos Gardel)

NELSON HOMEM

Música:

Carlos Gardel

Tangos, bandoneons, uma guitarra que geme
Num ritmo de amor desesperado
Um cabaret que fecha suas portas
Uma rua de amor e de pecado

Um guarda que vigia numa esquina
Um casal que anda à procura de um hotel
Um resto de melodia
Um assobio uma saudade imortal
Carlos Gardel

Carlos Gardel
Buenos aires cantava no teu canto
Buenos aires chorava no teu pranto
E vibrava em tua voz
Carlos Gardel

O teu canto era a batuta de um maestro
Que fazia pulsar os corações
Na amargura das tuas melodias

Carlos Gardel
Se cantavas a tragédia das perdidas
Compreendendo suas vidas
Perdoavas seu papel

Por isso enquanto houver um tango triste
Um otário, um cabaret, uma guitarra
Tu viverás também
Carlos Gardel

NELSON HOMEM

O amor desafia o tempo. Eu danço com você e já não me importa mais o tempo.

Que ele passe. Que ele fique. Os nossos passos conferem uma eternidade.

Eternidade, entende?

É como se o mundo coubesse aqui.

O espaço.

Não precisamos de mais espaço do que esse para a nossa dança.

NELSON MULHER

Esse espaço. Essa dança. Amanhã, talvez você me esqueça. As palavras que hoje você me diz, amanhã, talvez, sejam ditas para outra pessoa. Como confiar no que se sente hoje? Como saber o que se sente? Os apressados dizem "eu te amo". E os ingênuos acreditam.

"Eu te amo" é forte demais para ser dito.

Já sofri demais. Hoje me entrego ao tempo e aguardo do tempo o que virá.

Música:

Chão de estrelas

NELSON MULHER

Minha vida era um palco iluminado
Eu vivia vestido de dourado
Palhaço das perdidas ilusões
Cheio dos risos falsos da alegria
Andei cantando a minha fantasia
Entre as palmas febris dos corações

NELSON HOMEM

Meu barracão no morro do salgueiro
Tinha o cantar alegre de um viveiro
Foste a sonoridade que acabou
E hoje, quando do sol, a claridade
Forra o meu barracão, sinto saudade
Da mulher pomba-rola que voou

Nossas roupas comuns dependuradas
Na corda qual bandeiras agitadas
Pareciam um estranho festival
Festa dos nossos trapos coloridos
A mostrar que nos morros mal vestidos
É sempre feriado nacional

A porta do barraco era sem trinco
Mas a lua furando nosso zinco
Salpicava de estrelas nosso chão
Tu pisavas nos astros distraída
Sem saber que a alegria desta vida
É a cabrocha, o luar e o violão

NELSON MULHER
Não quero estragar o seu tempo de romantismos.
Mas há outros tempos.
Tempos de dor.
Tempos de abandono.
Tempos de solidão.

NELSON HOMEM
Mas a solidão também pode ser boa.

NELSON MULHER

Eu sou o Nelson que teve tantas portas fechadas.
Eu sou o Nelson que sonhava em ser cantor e que, sucessivamente, recebeu um "não".
Nos concursos de calouros, era um "não" que eu ouvia.
De Ary Barroso. Um "não".

NELSON HOMEM

"Volte, vá trabalhar de garçom com o seu irmão, vá fazer qualquer coisa menos cantar, você não tem voz".

NELSON MULHER
Um "não" doloroso.
Era mais fácil vencer na luta de boxe
do que na luta da vida.
Um "não" apressado.
O tempo do "não".

FALAM JUNTOS...

NELSON MULHER
O que sente um sonhador quando recebe um "não"?

NELSON HOMEM
O que sente um sonhador quando recebe um "não"?

NELSON MULHER

Não. Não falo do "não" necessário, do "não" que temos que dar para nós mesmos. Falo das pontes que se partem ao meio e nos impedem de prosseguir. Falo das paredes que caem e que nos deixam desprotegidos. Falo da manta que se rasga, do cobertor que se parte.
Dos que partem e nos deixam partidos.
Tempo doloroso é o tempo da incompreensão.
Diziam que Nelson era gago. Diziam que eu era gago.
E alguns, só por isso, achavam que o seu canto, que o meu canto era menor.
Em quantos cantos ele se debruçou para chorar o tempo do "não".

NELSON HOMEM

Mas...

NELSON MULHER
Mas ele foi forte.
E prosseguiu.
Você acredita em vocação?

NELSON HOMEM
Acredito em uma chama que arde dentro da gente e que nos coloca em um lugar de iluminuras.

NELSON MULHER
Precisou ele de muita loucura para levar adiante o seu sonho de cantador.

Música:

Louco

NELSON MULHER

Louco, pelas ruas ele andava
E o coitado chorava
Transformou-se até num vagabundo

Louco, para ele a vida não valia nada
Para ele a mulher amada
Era seu mundo...

Conselhos eu lhe dei
Para ele esquecer
Aquele falso amor

Ele se convenceu
Que ela nunca mereceu
Nem reparou
Sua grande dor
Que louco!

Louco, pelas ruas ele andava
O coitado chorava

CANTAM JUNTOS...

Transformou-se até num vagabundo

Louco, para ele a vida não valia nada
Para ele a mulher amada
Era seu mundo

NELSON HOMEM

Loucura boa a do amor.

Posso falar sobre o "eu te amo"?

Sobre o que permanece? Sobre o que nos eleva quando...

Música:
Pra machucar meu coração

NELSON MULHER

Tá fazendo um ano e meio, amor
Que o nosso lar desmoronou
Meu sabiá, meu violão
E uma cruel desilusão
Foi tudo que ficou
Ficou
Pra machucar meu coração

Quem sabe, não foi bem melhor assim
Melhor pra você e melhor pra mim
A vida é uma escola
Onde a gente precisa aprender
A ciência de viver pra não sofrer

CANTAM JUNTOS...

Tá fazendo um ano e meio, amor
Que o nosso lar desmoronou
Meu sabiá, meu violão
E uma cruel desilusão
Foi tudo que ficou
Ficou
Pra machucar meu coração

NELSON HOMEM
Sofre-se tanto de amor.

NELSON MULHER
Fui eu que disse isso.

FALAM JUNTOS...

NELSON MULHER
Fui eu quem falou sobre o tempo.

NELSON HOMEM
Fui eu quem falou sobre o amor.

NELSON MULHER
O tempo abafa o amor.

NELSON HOMEM
Não concordo com você.

NELSON MULHER
Você acabou de dizer que se sofre de amor.

NELSON HOMEM
Sim. Mas o amor, o amor, amor. Como eu posso explicar? O amor, amor, amor.

NELSON MULHER
Que diferença faz amor ou amor, amor, amor?

NELSON HOMEM
Você já amou alguém?

NELSON MULHER
Como assim?

Música:
Modinha (Olho a rosa na janela)

NELSON HOMEM

Olho a rosa na janela
Sonho um sonho pequenino
Se eu pudesse ser menino
Eu roubava essa rosa
E ofertava todo prosa
À primeira namorada
E nesse pouco quase nada
Eu dizia o meu amor
O meu amor

Olho o sol findando lento
Sonho um sonho de adulto
Minha voz na voz do vento
Indo em busca do teu vulto
E o meu verso em pedaços
Só querendo o teu perdão
Eu me perco nos teus passos
E me encontro na canção
Papa rara papa pa

Ai amor, eu vou morrer
Buscando o teu amor
Papa rara rara pa

Ai, amor, eu vou morrer
Buscando o teu amor

NELSON MULHER

Amor amor amor

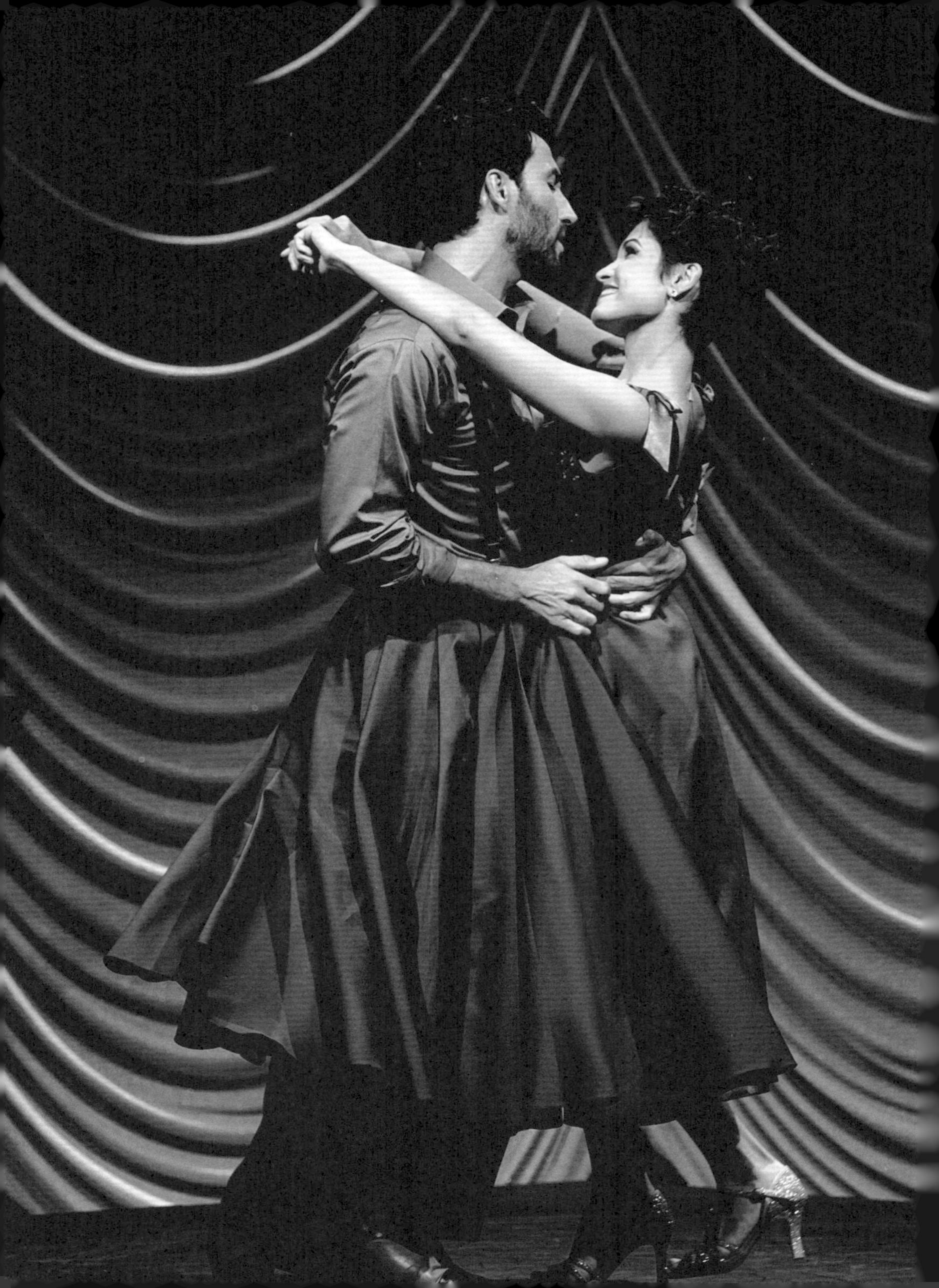

NELSON HOMEM
A primeira namorada, o primeiro amor. Uma rosa. Apenas uma rosa, e o jardim está completo.

                              NELSON MULHER
                                    Mas as rosas murcham.

NELSON HOMEM
Mas enquanto estão vivas...
Ah, o amor.
Um luar. Um luar em qualquer canto do mundo. E o canto fica lindo. Qualquer canto.
Um olhar. Súbito. Nada programado. Um encontro inesperado. Uma esquina. Sim, uma esquina e ali estão os dois. Meio abobados. Com vontade de rir o dia inteiro. Um pensamento que não pensa em mais nada a não ser no amor.
Ah, o amor.
Como viver sem amor?

O querer ver novamente.
O perfume. O penteado. O cantarolar sozinho.
Uma roupa...

MEDLEY:
  MÚSICA:

Com que roupa

NELSON HOMEM

Agora vou mudar minha conduta
Eu vou pra luta pois eu quero me aprumar
Vou tratar você com a força bruta

Pra poder me reabilitar

Pois esta vida não está sopa
E agora com que roupa?
Com que roupa eu vou
Pro samba que você me convidou?
(...me convidou)

Com que roupa que eu vou
Pro samba que você me convidou?

Agora estou pulando como sapo
Pra ver se escapo dessa praga de urubu
O meu paletó virou farrapo,
Eu vou acabar ficando nu
Meu paletó virou estopa, e eu nem sei mais com que
Roupa?

Com que roupa eu vou?
Pro samba que você me convidou?
(me convidou)
Com que roupa que eu vou
Pro samba que você...

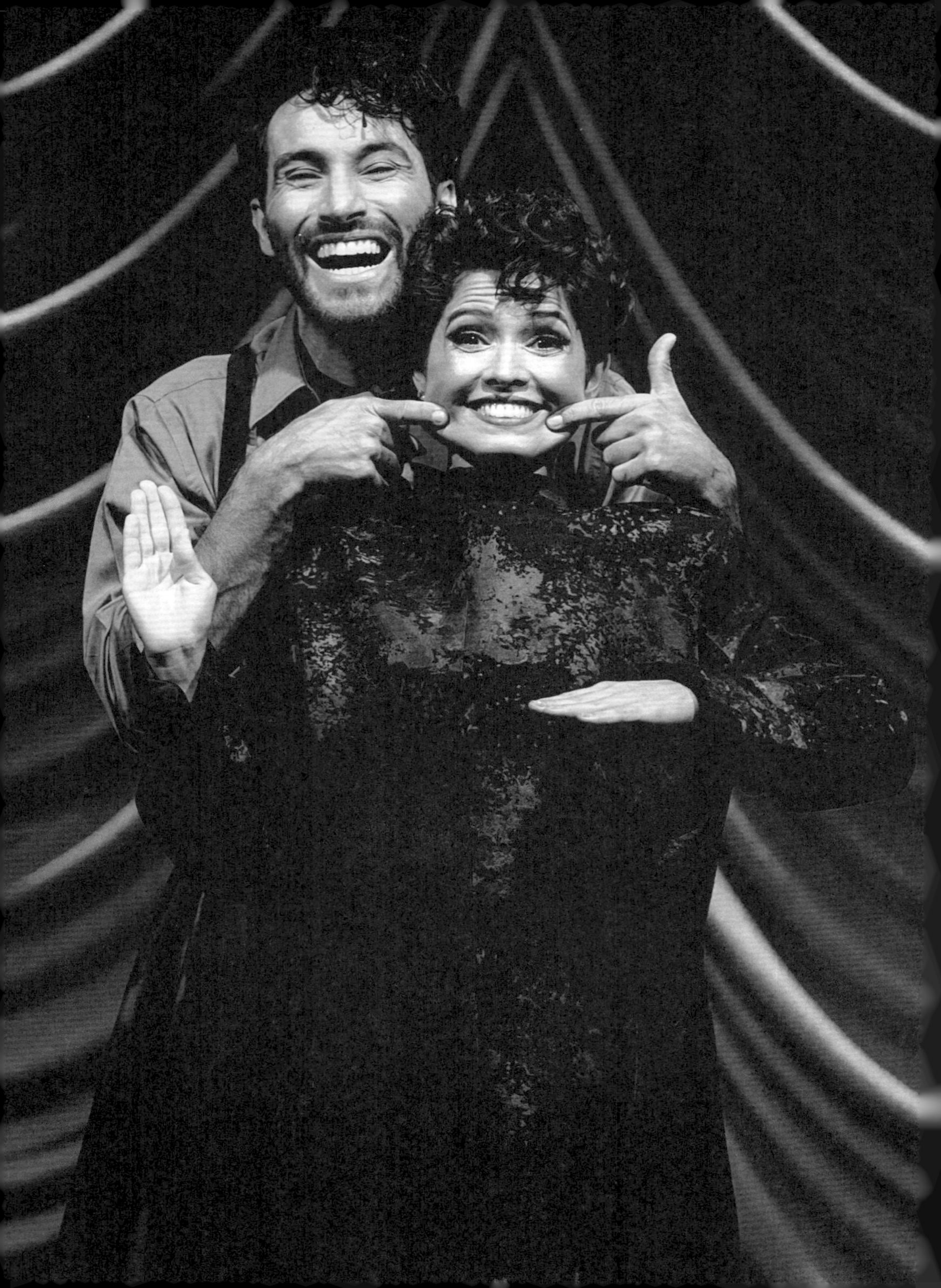

Música:

Mágoas de caboclo

NELSON MULHER

Cabocla, teu olhar está me dizendo
Que você está me querendo
Que você gosta de mim

Cabocla, não lhe dou meu coração
Hoje você me quer muito
Amanhã não quer mais não

Música:

No rancho fundo

NELSON HOMEM

*No rancho fundo
Bem pra lá do fim do mundo
Onde a dor e a saudade
Contam coisas da cidade*

Música:

Ave Maria no morro

NELSON MULHER

*E quando o morro escurece
Elevo a Deus uma prece
Ave Maria*

MÚSICA:
O mundo é um moinho

NELSON HOMEM

Ouça-me bem, amor
Preste atenção, o mundo é um moinho
Vai triturar teus sonhos, tão mesquinhos
Vai reduzir as ilusões a pó

MÚSICA:
Nada além

NELSON MULHER

Nada além
Nada além de uma ilusão
Chega bem
Que é demais para o meu coração
Acreditando
Em tudo que o amor mentindo sempre diz
Eu vou vivendo assim feliz
Na ilusão de ser feliz

MÚSICA:

Esses moços

NELSON HOMEM

Esses moços, pobres moços
Ah! Se soubessem o que eu sei
Não amavam, não passavam
Aquilo que já passei
Por meus olhos, por meus sonhos
Por meu sangue, tudo enfim
É que peço
A esses moços
Que acreditem em mim

MÚSICA:

Renúncia

NELSON MULHER

A minha renúncia
Enche-me a alma e o coração de tédio
A tua renúncia
Dá-me um desgosto que não tem remédio
Amar é viver
É um doce prazer, embriagador e vulgar
Difícil no amor é saber renunciar

MÚSICA:
Cabelos brancos

NELSON HOMEM

Não falem desta mulher perto de mim
Não falem pra não lembrar minha dor
Já fui moço, já gozei a mocidade
Se me lembro dela me dá saudade
Por ela vivo aos trancos e barrancos
Respeitem ao menos meus cabelos
Brancos

MÚSICA:
Segredo

NELSON MULHER

O peixe é pro fundo das redes, segredo é pra quatro paredes
Não deixe que males pequeninos

Venham transformar os nossos destinos
O peixe é pro fundo das redes
Segredo é pra quatro paredes
Primeiro é preciso julgar
Pra depois condenar

Música:

Lábios que beijei

NELSON HOMEM

*Lábios que beijei
Mãos que eu afaguei
Numa noite de luar assim*

Música:

Nossos momentos

NELSON MULHER

*Momentos são iguais àqueles em que eu te amei
Palavras são iguais àquelas que eu te dediquei*

Música:

Pensando em ti

NELSON HOMEM

Eu amanheço pensando em ti
Eu anoiteço pensando em ti
Eu não te esqueço
É dia e noite pensando em ti

Música:

Negue

NELSON MULHER

Diga que o meu pranto é covardia
Mas não se esqueça
Que você foi minha um dia

NELSON HOMEM

Diga que já não me quer
Negue que me pertenceu
Que eu mostro a boca molhada
E ainda marcada pelo beijo seu

MÚSICA:

Devolvi

NELSON MULHER

Devolvi o cordão e a medalha de ouro
E tudo que ele me presenteou
Devolvi suas cartas amorosas
E as juras mentirosas
Com que ele me enganou
Devolvi a aliança e também seu retrato
Para não ver seu sorriso
No silêncio do meu quarto

Nada quis guardar como lembrança
Pra não aumentar meu padecer
Devolvi tudo
Só não pude devolver
A saudade cruciante
Que amargura meu viver

NELSON HOMEM

Que lindo isso.
Cante novamente o final.

NELSON MULHER

Devolvi tudo
Só não pude devolver
A saudade cruciante
Que amargura meu viver

NELSON HOMEM
É lindo ter saudade.

NELSON MULHER
Mas não é lindo ter amargura.

MÚSICA:

Foi tudo ilusão

NELSON HOMEM

O nosso amor foi sempre um amor feliz
Sem amargura
Sorrisos, alegrias e entendimentos
Tudo corria tão calmo
Belo horizonte azulado

Você ficava aconchegada
Nos meus braços carinhosa
Eram os nossos beijos, poemas e paixão

NELSON MULHER

Mas a mentira roubou-me este amor
Dono do meu coração escravizado

CANTAM JUNTOS...

Você deixou escrito frio recado
Dizendo simplesmente tudo acabado
Como se fosse assim que terminasse
Um grande amor sincero e devotado
Agora a dor de um apaixonado

NELSON HOMEM
Esqueça o fim.
Pense no início.

NELSON MULHER
Você é muito ingênuo.
O fim é muito doloroso.
O melhor é nem começar.

NELSON HOMEM
O melhor é nem começar?
Como assim?

NELSON MULHER
O amor traz muita dor.

NELSON HOMEM
A dor faz parte da vida. A dor valoriza a vida.
Aliás, a vida nasce da dor.

NELSON MULHER
Está falando do parto?
Da dor de uma mãe?

NELSON HOMEM
Também.
Mãe. Que amor lindo.
Mãe. Na dor, o colo de mãe.
No colo da mãe, o descanso.
Sem exigências.
No colo da mãe, o pranto.
O pranto, delicadeza da dor.

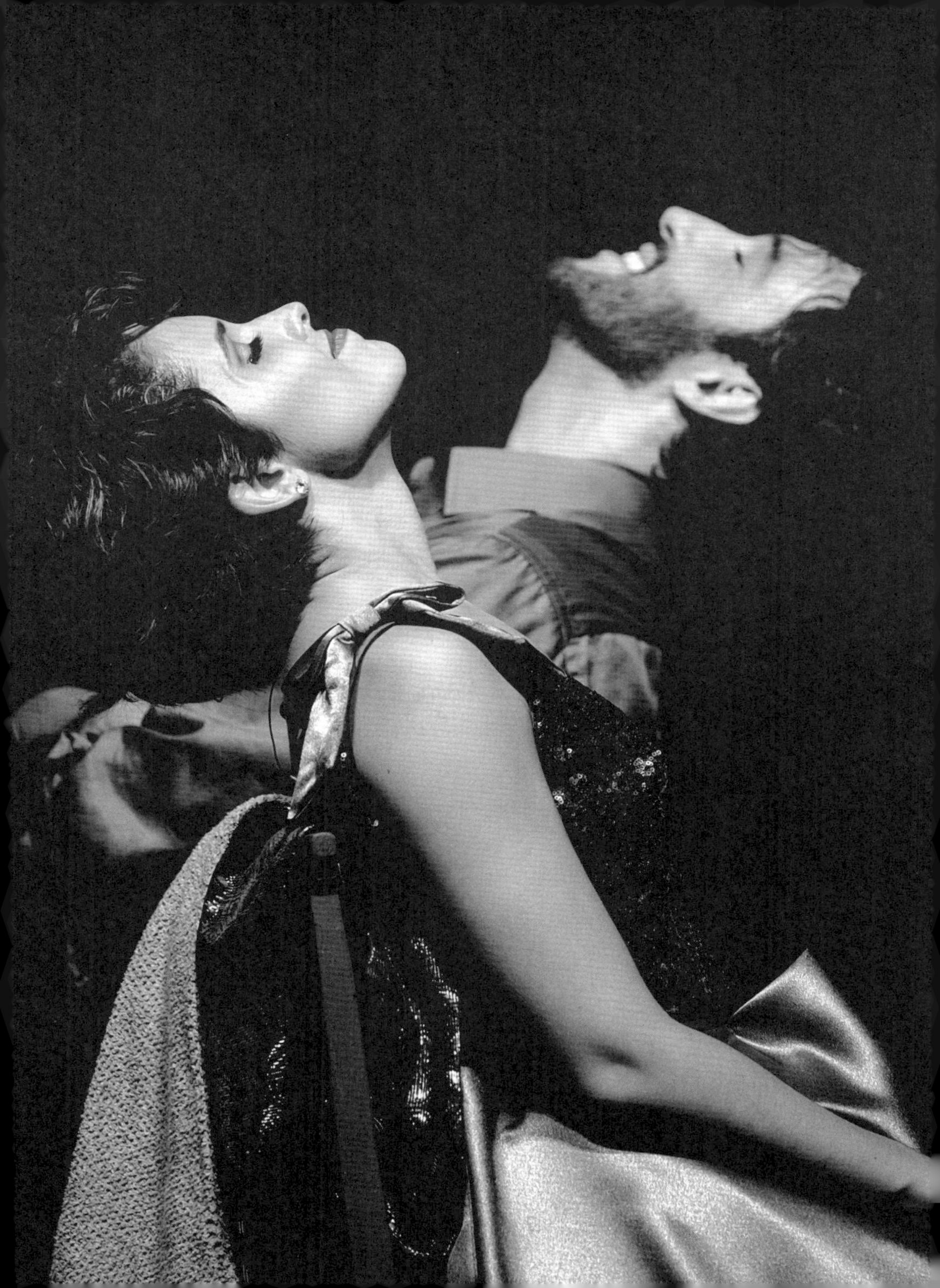

NELSON MULHER
Mas o amor de uma mãe é para sempre.
É diferente dos amores que vêm e que vão.
O amor de mãe nunca termina.

NELSON HOMEM
Um filho termina.
Talvez seja a dor mais doída o choro da mãe que enterra o seu filho.
Se uma mulher pensasse assim, em um filho que pode morrer, ela não seria mãe.

NELSON MULHER
Não tem dor pior do que uma mãe perder um filho.
Eu concordo.
Arrumar o quarto do filho que já morreu.

Música:

Por causa de você

NELSON MULHER

Ah, você está vendo só
Do jeito que eu fiquei
E que tudo ficou
Uma tristeza tão grande
Nas coisas mais simples
Que você tocou

A nossa casa querida
Já estava acostumada
Guardando você
As flores na janela
Sorriam, cantavam
Por causa de você

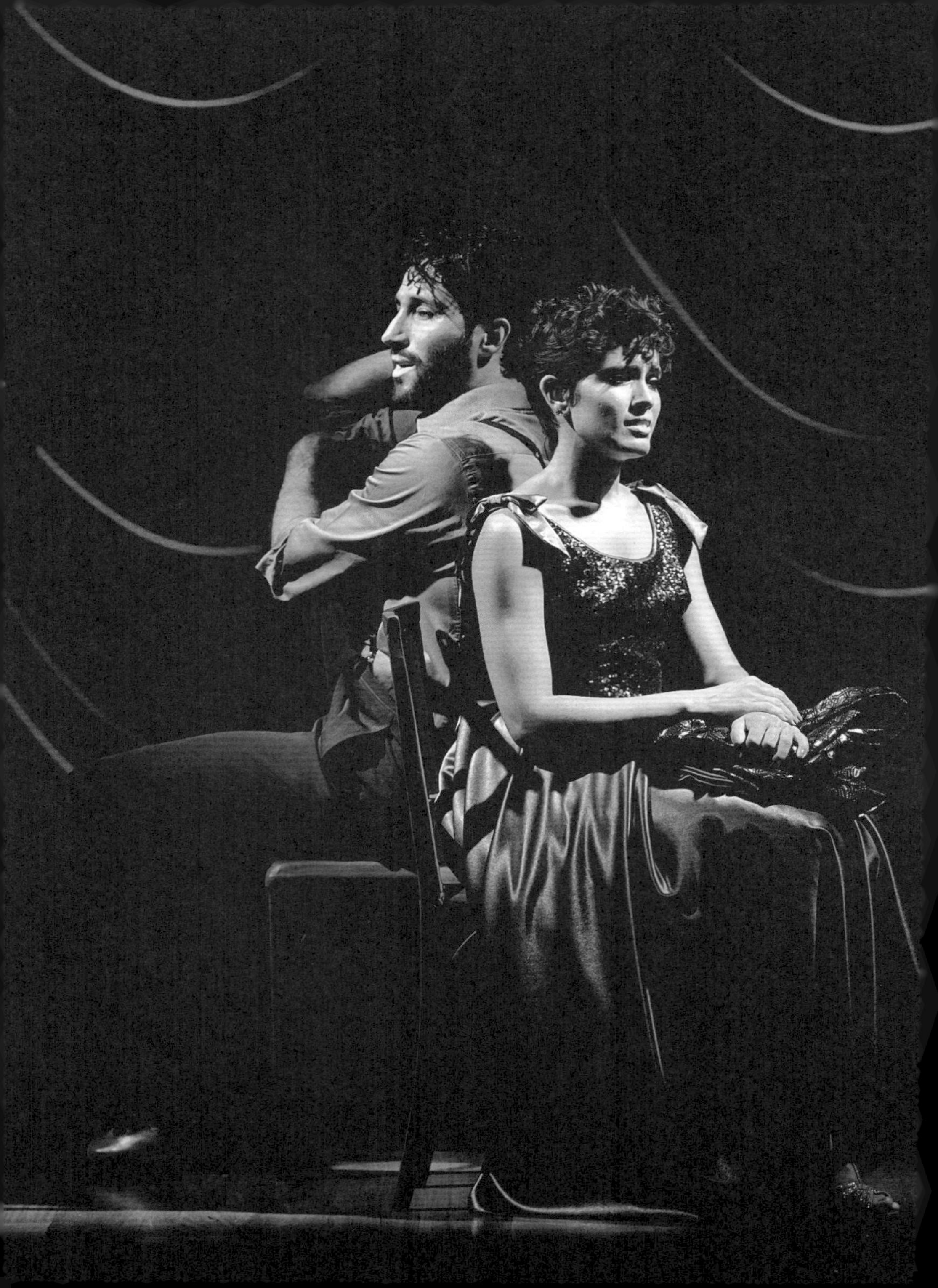

NELSON HOMEM

No princípio nenhuma mãe imagina que isso possa ocorrer.
Mas estamos todos em um vagão de trem.
E há estações que não comandamos.
Alguns descem, outros sobem.
Alguns partem, outros chegam.

NELSON MULHER

Não sei. Há confusões por toda a parte.
O melhor é se precaver.
É ser cuidadoso.
Meu pai me dizia isso.

NELSON HOMEM
Tenho saudade do meu pai.

NELSON MULHER
Tenho saudade do meu pai.

NELSON HOMEM
Mas uma saudade boa, entende?

Música:

Naquela mesa

NELSON HOMEM

Naquela mesa ele sentava sempre
E me dizia sempre o que é viver melhor
Naquela mesa ele contava histórias
Que hoje na memória eu guardo e sei de cor

Naquela mesa ele juntava gente
E contava contente o que fez de manhã
E nos seus olhos era tanto brilho
Que mais que seu filho eu fiquei seu fã

NELSON HOMEM

Nos inícios, quando perdemos alguém que amamos, a dor é cortante. Parece que o tempo não vai resolver o que sentimos. Aos poucos, a dor vai virando saudade.
As lembranças são capazes de nos trazer gratidão.
A morte não é o fim.

Música:

Viagem

NELSON HOMEM

Oh tristeza, me desculpe
Estou de malas prontas
Hoje a poesia veio ao meu encontro
Já raiou o dia, vamos viajar

Vamos indo de carona
Na garupa leve do vento macio
Que vem caminhando
Desde muito longe, lá do fim do mar

NELSON MULHER

Mas pode ficar tranquila, minha poesia
Pois nós voltaremos numa estrela-guia
Num clarão de lua quando serenar

CANTAM JUNTOS...

Ou talvez até, quem sabe
Nós só voltaremos no cavalo baio
No alazão da noite
Cujo o nome é raio, é raio de luar

NELSON HOMEM

Eu estava em um quarto, aturdido. Ouvindo o barulho de um relógio.

Eu sou o Nelson que sofreu com as drogas e que foi corajoso ao revelar o seu calvário para ajudar o outro a não cair nas mesmas teias do horror.

(Conversa com o relógio)

Passe mais rapidamente, por favor.
Mais rapidamente.
Eu não aguento mais ficar aqui. Não aguento mais essas horas que não passam.
Morri e ainda estou aqui. Sim, morri.
Só um morto faz com a sua mulher o que
fiz com a minha.
Morri quando entrei naquele banheiro e experimentei aquele pó.
Estou sujo, entende?
Sujei-me na prisão. Sujei-me no aprisionamento
da minha vida.

NELSON MULHER

Droga. Droga de vício. Droga de vida.

NELSON HOMEM

Estou morto e você continua aí. Segundos, minutos, horas. E nada me diz nada.
Só você não muda.
Meu filho. Pobre filho. Quanta dor eu fui capaz de causar.
Deixei meu nome, meu canto, meu sonho por um pouco de prazer.

NELSON MULHER
Prazer? Não. Fui enganado. Fui fraco.

NELSON HOMEM
Você está prestando atenção? Só há nós dois. Eu e você. Você fingindo que nada está acontecendo. E eu escravo de você. Aguardando que você passe um pouco mais rapidamente e me tire daqui. Daqui onde me coloquei. Neste quarto. Neste espaço da loucura. Neste querer desistir de mim mesmo.

NELSON MULHER
Quando eu era criança, gostava de ver o rio.

NELSON HOMEM
O rio que passa.
Você entende bem, não é?
Houve momentos na minha vida em que eu quis que você parasse de passar. É como se, nas margens bonitas, o rio parasse e ficasse contemplando.
Uma noite de amor, um aplauso prolongado depois de uma canção bonita, um pôr do sol acompanhado, um café fumegante e um pão com manteiga saboroso.

NELSON MULHER

Instantes de prazer passam mais rapidamente do que esses de ausências.

NELSON HOMEM

Fiquei ausente de mim mesmo.
Eu quero voltar a ser quem um dia eu fui.
Eu quero voltar a ser quem eu sou.
O Nelson Gonçalves, operário das canções de amor.

MÚSICA:

A volta do boêmio

NELSON HOMEM

Boemia, aqui me tens de regresso
E suplicante te peço
A minha nova inscrição

Voltei pra rever os amigos que um dia
Eu deixei a chorar de alegria
Me acompanha o meu violão

Boemia, sabendo que andei distante
Sei que essa gente falante
Vai agora ironizar

NELSON MULHER

Ele voltou, o boêmio voltou novamente
Partiu daqui tão contente
Por que razão quer voltar?

NELSON HOMEM

Acontece, que a mulher que floriu meu caminho
De ternura, meiguice e carinho
Sendo a vida do meu coração
Compreendeu, e abraçou-me dizendo a sorrir

CANTAM JUNTOS...

Meu amor você pode partir
Não esqueça o seu violão

NELSON MULHER

Vá rever os seus rios, seus montes, cascatas,
Vá sonhar em novas serenatas
E abraçar seus amigos leais

CANTAM JUNTOS...

Vá embora, pois me resta o consolo e a alegria
De saber que depois da boemia
É de mim que você gosta mais

NELSON HOMEM

O amor devolve a vida.
E o tempo ajuda o amor
A entender se é de fato amor.
O amor nos retira da multidão e nos faz únicos.
Saber que alguém nos ama dá à nossa
vida outro significado.

MÚSICA:

Carinhoso/Insensatez

NELSON HOMEM

Meu coração, não sei por quê
Bate feliz quando te vê
E os meus olhos ficam sorrindo
E pelas ruas vão te seguindo
Mas mesmo assim
Foges de mim

NELSON MULHER

A insensatez que você fez
Coração mais sem cuidado
Fez chorar de dor
O seu amor
Um amor tão delicado
Ah, por que você foi fraco assim
Assim tão desalmado
Ah, meu coração quem nunca amou
Não merece ser amado

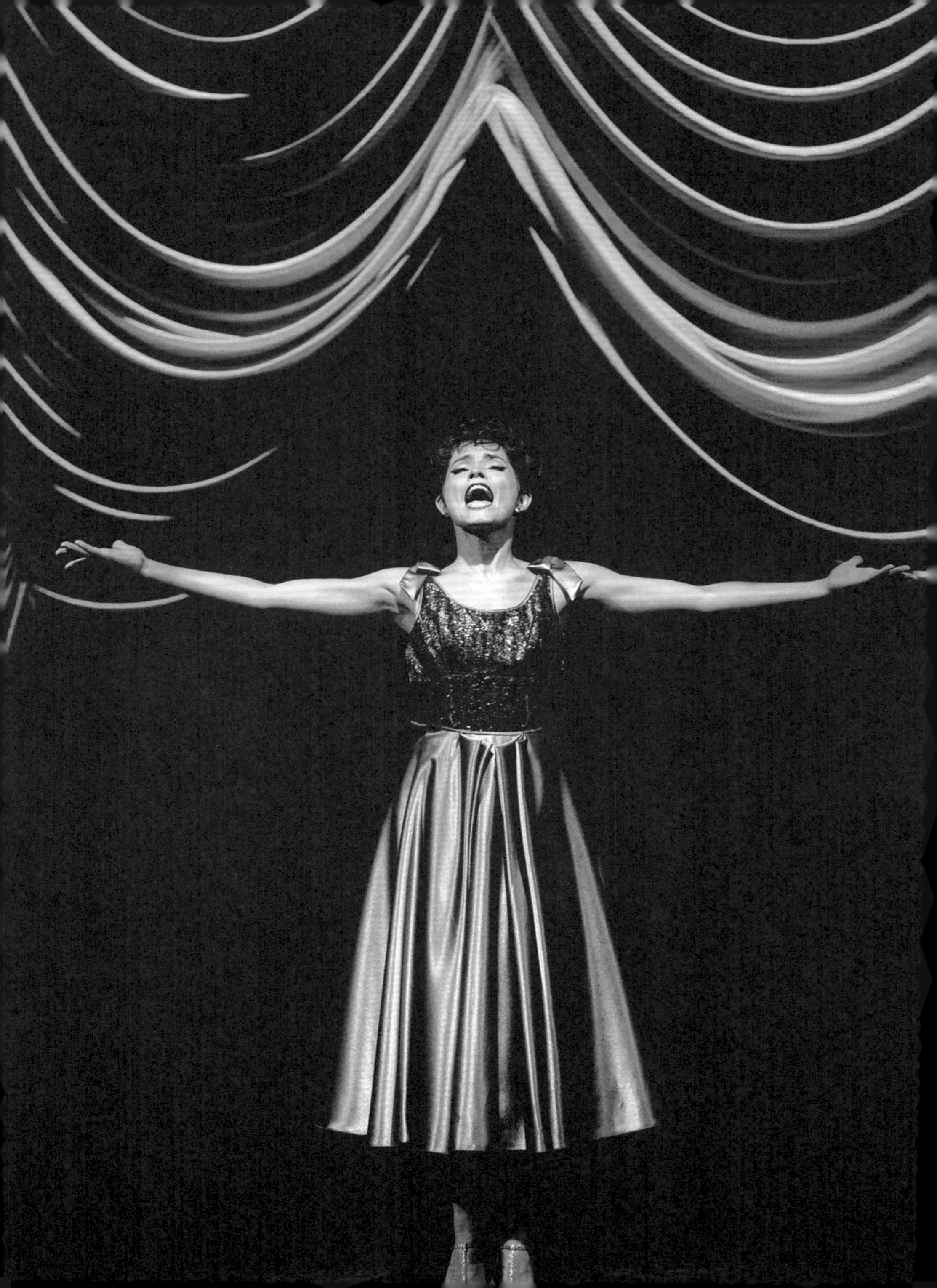

NELSON HOMEM

Ah se tu soubesses como sou tão
Carinhoso
E o muito, muito que te quero
E como é sincero o meu amor
Eu sei que tu não fugirias mais de mim
Vem, vem, vem, vem

Vem

Vem sentir o calor
Dos lábios meus
À procura dos teus

Vem matar essa paixão
Que me devora o coração
E só assim então...

NELSON MULHER

Vai meu coração ouve a razão
Usa só sinceridade
Quem semeia vento, diz a razão
Colhe sempre tempestade
Vai meu coração, pede perdão

Perdão apaixonado

MÚSICA:
Eu sonhei que tu estavas tão linda

NELSON HOMEM

Eu sonhei que tu estavas tão linda
Numa festa de raro esplendor
Teu vestido de baile lembro ainda
Era branco, todo branco, meu amor

A orquestra tocou umas valsas dolentes
Tomei-te aos braços, fomos bailando
Ambos silentes
E os pares que rodeavam entre nós
Diziam coisas, trocavam juras
À meia voz

Violinos enchiam o ar de emoções
E de desejos uma centena de corações
Pra despertar teu ciúme
Tentei flertar alguém
Mas tu não flertaste ninguém

NELSON MULHER
Você é muito sedutor.

NELSON MULHER
Você também.

NELSON HOMEM

Mas foi tudo um sonho, acordei

NELSON MULHER
Então você começa a concordar comigo.
É apenas um sonho.
O amor, o tal do amor perfeito, é apenas um sonho.

NELSON HOMEM
Não falo de um amor perfeito.
Viva as imperfeições.
Os que se acham perfeitos são insuportáveis.

NELSON MULHER
Eu já sofri demais. Acho que fui me secando.
Mas não sei.
Há tanta gente que mente.
Há tanta gente que bajula e que descarta.
Eu sou o Nelson, que foi abandonado pelos
que ele considerava tanto quando um dia caiu.
Eu sou o Nelson, que da rua de terra aguardava uma mão
que o ajudasse a se levantar e
a novamente caminhar.
Eu sou os Nelsons todos.
Os que são traídos.

FALAM JUNTOS ...

NELSON MULHER
Os que são abandonados,
os que são humilhados.

NELSON HOMEM
Abandonados.
Humilhados.

NELSON MULHER
Os que são descartados.
Essas dores estão em mim.

NELSON HOMEM
Essa certeza de que tudo passa também.
Não. Você não é Nelson Gonçalves. Você é Jullie.
Uma mulher que canta o amor. E que
desperta em mim o amor.

NELSON MULHER
E você não é Nelson Gonçalves. Você é Guilherme. Um
cantador do amor. Um pouco
romântico demais, um pouco ingênuo, talvez.

NELSON HOMEM
Ingênuo? Eu? Romântico, certamente. Em você, em mim,
há um Nelson Gonçalves.
Há tempos que vão sucedendo tempos e
nos desafiando a não desafinar.

NELSON MULHER
E se desafinarmos?

NELSON HOMEM
Sempre desafinamos.
Aí, tentamos de novo.

NELSON MULHER
Mas eu tenho medo.

NELSON HOMEM
Eu também.

NELSON MULHER
Será que não é melhor...
Ah, nem sei.

NELSON HOMEM
Eu também não sei.
Só sei que é bom esse romantismo, essa canção,
esse beijo.

NELSON MULHER
Que beijo?

NELSON HOMEM
Que beijo?

Música:

Caminhemos

NELSON MULHER

Não, eu não posso lembrar que te amei

NELSON HOMEM
Depois de tanto esforço, eu mereço um beijo.

NELSON MULHER

Não, eu preciso esquecer que sofri

NELSON HOMEM
Olhe
Tem luar.

NELSON MULHER

Faça de conta que o tempo passou
E que tudo entre nós terminou
E que a vida não continuou pra nós dois
Caminhemos, talvez nos vejamos depois

NELSON HOMEM

Hoje, preste atenção à lua.
O resto deixe com o tempo.
Não era você que disse isso e aquilo e mais isso e mais aquilo sobre o tempo?

NELSON MULHER

Vida comprida, estrada alonga...da
Parto à procura de alguém, à procura de na...da
Vou indo, caminhando sem saber onde chegar

(eles se abraçam)

NELSON HOMEM
Pois, então, com medo ou sem medo, hoje é tempo de amar.

NELSON HOMEM
Vamos encerrar com um tango?

NELSON MULHER
Não.

NELSON HOMEM
Não?

NELSON MULHER
Vamos começar com um tango.

Entra acorde...

NELSON HOMEM
Espere um pouco.

MAESTRO
O que houve?

NELSON HOMEM
Obrigado, Nelson Gonçalves, por sua inspiração.

NELSON MULHER
Obrigado, Nelson Gonçalves,
por cantar mesmo na prisão.

NELSON HOMEM
Que dias tristes. Que dias lindos.
Preso pelas injustiças da vida, cantou
para outros presos.
Preso pela droga que o consumia, consumiu-se
em letras que tocavam nos que tinham
apenas a liberdade de imaginar. De pensar nos ontens.
De sonhar com algum amanhã.
Todos nós temos um punhado de dor e alegria.

NELSON MULHER
Todos nós temos prisões e asas.

NELSON HOMEM
Todos nós temos, mesmo que escondida em algum
porão, uma vocação para o romantismo.

NELSON MULHER
Na prisão, Nelson encontrou olhares generosos.
Aqueles presos decidiram que deveriam aumentar um dia
em suas penas para diminuir a pena
da mais linda voz do Brasil.

NELSON HOMEM
Eles não se conformavam em ver encarcerado o pássaro cantador. O seresteiro romântico, o eterno sedutor.

NELSON MULHER
Ao cantor que cantou o amor mesmo na dor.

FALAM JUNTOS ...

NELSON MULHER
Nelson Gonçalves,
nossa sincera homenagem.

NELSON HOMEM
Nelson Gonçalves,
nossa sincera homenagem.

NELSON HOMEM
Agora somos nós.

NELSON MULHER
Nós?

NELSON HOMEM
Sim. O beijo. O beijo que eu conquistei. Que você concordou. O beijo. O luar. Lembra?

NELSON MULHER
Por que não? Você dança comigo? O resto, o tempo decide.

NELSON HOMEM
O tempo não vai maltratar o amor.

Música:
Noite do meu bem

NELSON MULHER

Hoje eu quero a rosa mais linda que houver
E a primeira estrela que vier
Para enfeitar a noite do meu bem

NELSON HOMEM

Hoje eu quero paz de criança dormindo
E abandono de flores se abrindo
Para enfeitar a noite do meu bem

CANTAM JUNTOS...

Quero a alegria de um barco voltando
Quero ternura de irmãos se encontrando
Para enfeitar a noite do meu bem

NELSON MULHER

Ah, como este bem demorou a chegar

CANTAM JUNTOS...

Eu já nem sei se terei no olhar
Toda pureza que eu quero te dar

(Os dois se beijam)

FIM

BIS: A volta do boêmio, Naquela mesa, Louco, Com que roupa.

OS COMENTÁRIOS NA PORTA
DO TEATRO SÃO INSTIGANTES

"Eu brincava na rua ouvindo Nelson Gonçalves, tempo bom".
"É a mais linda voz que o Brasil já teve".
"As músicas que ele cantava eram músicas de verdade, tinham história. Uma letra melhor do que a outra".

Os cabelos brancos vão se misturando aos jovens que esperam a porta se abrir.

Já sentados, um vídeo com o jovem Nelson Gonçalves inaugura a noite de emoção. Canta ele "Naquela mesa" e "A Volta do Boêmio". E a orquestra vai se ajeitando, e os dois jovens atores, Guilherme Logullo e Jullie, vão arrumando os seus camarins em cena. E cantam juntos "Quando eu me chamar saudade", no palco central. E revelam o medo de Nelson de ser esquecido.

Há um desfile de canções e de textos para trazer Nelson Gonçalves ao palco. Há um confessionário de dramas humanos, de corações partidos, de medos acumulados que contracenam com um coração que beija o alto, que contempla o luar e que não desiste de amar.

A diretora Tânia Nardini preocupou-se com cada quadro. Tudo é pensado para o embate entre o Nelson razão e o Nelson emoção. Há até uma luta de boxe, foi ele um lutador de boxe, em que músicas com intenções diferentes brigam no ringue das decisões. Quem vence? Melhor assistir.

A direção musical de Tony Luchhesi é primorosa. Agrada aos românticos de todas as idades.

Logullo, um dos mais notáveis artistas do musical brasileiro, mostra uma elegância ímpar no bailar dos diferentes ritmos cantados por Nelson. Do tango à valsa, passando por delicados movimentos de amor.

Jullie está à altura. A voz celestial em um corpo de menina que vive inteira o Nelson dos "nãos". Quantos "nãos" teve Nelson que enfrentar em sua vida de sonhador! Reprovado em concursos de calouros, criticado por Ary Barroso, foi ele persistente o suficiente para encontrar o seu lugar de iluminuras.

Logullo traz o Nelson brigando com um relógio, suplicando ao tempo que passe mais rapidamente. Viveu ele tempos de prisão. As drogas roubaram instantes preciosos de sua vida, e o próprio Nelson, em vida, fez questão de revelar o seu calvário para ajudar os outros a não caírem nas mesmas teias do horror.

O tempo da peça vai passando. A plateia vai passando do riso ao silêncio, do silêncio ao canto, do canto à emoção.

O final é surpreendente. Os aplausos pedem um pouco mais. Uma senhora diz que "Esses moços" lembra o seu marido que já partiu. Uma outra fala de um adeus e da música "Devolvi".

Os jovens comentam sobre o amor. Uma menina olha para o seu namorado e revela "que bom que encontrei você".

O amor nos retira da multidão e nos dá o poder da unicidade. Faz toda diferença saber que alguém nos ama. E assim as pessoas vão saindo do teatro. Algumas cantarolando, outras abraçadas, outros brincando de olhar. Em tempos de pouca atenção ao outro, de fragilidades das relações humanas é bom relembrar os que gastaram a vida alimentando de vida a vida das pessoas.

Viva Nelson Gonçalves, viva o artista brasileiro.

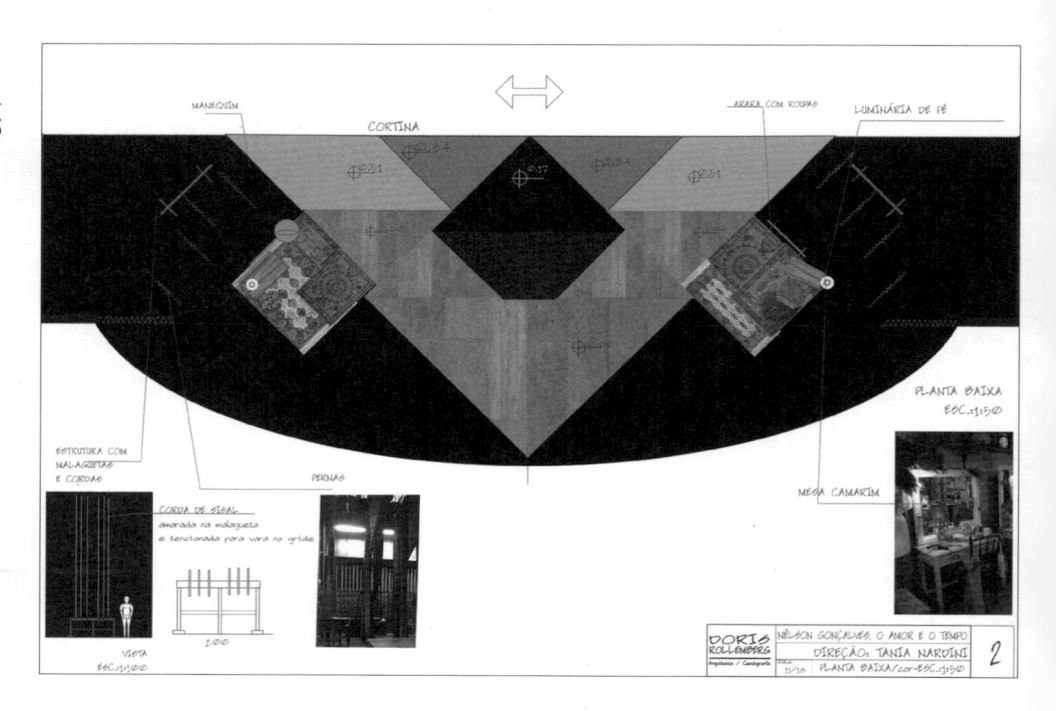

"SABER QUE ALGUÉM NOS AMA DÁ À NOSSA VIDA UM OUTRO SIGNIFICADO".

O REI DO RÁDIO

Aos 18 anos, Nelson Gonçalves fez sua primeira participação no rádio, no programa de calouros de Aurélio Campos, na Rádio Tupi, onde foi reprovado. Tentou a sorte logo em seguida e acabou sendo contratado. Pouco depois, no Rio de Janeiro, apresentou-se como calouro em diversas emissoras. Numa delas, Ary Barroso sugeriu que o gaúcho abandonasse a carreira artística. Ele persistiu e, na década de 1950, já com a carreira consagrada, foi agraciado pela revista "Radiolândia" com o troféu "Microfone de ouro".

Estava a um passo de se tornar o rei do rádio, um músico que, em cerca de 50 anos de carreira, gravou 2.700 músicas e 128 álbuns, recebendo 38 discos de ouro e 20 discos de platina, sendo contemplado pela RCA com o Prêmio Nipper, recebido apenas por ele e Elvis Presley.

Texto
Gabriel Chalita

Direção e coreografia
Tânia Nardini

Elenco
Nelson Gonçalves: Guilherme Logullo
Nelson Gonçalves: Jullie

Cenografia
Doris Rollemberg

Iluminação
Renato Machado

Direção Musical e Arranjos
Tony Lucchesi

Desenho de Som
Gabriel D'Angelo

Figurino
Fause Haten

Assistente de direção/movimento
Nadia Nardini

Visagismo
Diego Nardes e Lucas Souza

Designer
Marcelo Tchelo

Vídeo e foto
Daniel Coelho

Assessoria de imprensa e mídias sociais
Prisma

Direção de Produção
Jenny Mezencio

Idealização
Gabriel Chalita e Guilherme Logullo

Realização
Luar de Abril

LISTA DE MÚSICAS

Quando eu me chamar saudade
(Nelson Cavaquinho/
Guilherme Brito)
Fica comigo esta noite
(Adelino Moreira/Nelson Gonçalves)
Carlos Gardel
(Herivelto Martins/David Nasser)
Chão de estrelas
(Silvio Caldas/Orestes Barbosa)
Louco
(Wilson Batista/Henrique de Almeida)
Pra machucar meu coração
(Ary Barroso)
Modinha
(Sergio Bittencourt)
Com que roupa
(Noel Rosa)
Mágoas de caboclo
(J. Cascata/Manezinho Araujo)
No rancho fundo
(Ary Barroso/Lamartine Babo)
Ave Maria no morro
(Herivelto Martins)
O mundo é um moinho
(Cartola)
Nada além
(Custódio Mesquita)
Esses moços
(Lupicínio Rodrigues)
Renúncia
(Mario Rossi/Roberto Martins)
Cabelos brancos
(Marino Pinto/Herivelto Martins)
Segredo
(Herivelto Martins)
Lábios que beijei
(Alvares Nunes/Leonel Azevedo)
Nossos momentos
(Luiz Reis/Haroldo Barbosa)
Pensando em ti
(Herivelto Martins/David Nasser)
Negue
(Adelino Moreira/Enzo de Almeida Passos)
Devolvi
(Adelino Moreira)
Foi tudo ilusão
(Otávio Gabus Mendes/José Marcilio)
Por causa de você
(Tom Jobim/Dolores Duran)
Naquela mesa
(Sérgio Bittencourt)
Viagem
(João Aquino/Paulo César Pinheiro)
A volta do boêmio
(Adelino Moreira)
Carinhoso
(Pixinguinha)
Insensatez
(Vinicius de Moraes/Tom Jobim)
Eu sonhei que tu estavas tão lin[da]
(Lamartine Babo/
Francisco Mattoso)
Caminhemos
(Herivelto Martins)
Noite do meu b[em]
(Dolores Dur[an])

Este livro foi impresso em Maio de 2019 pela gráfica Cipola, de
para a Companhia Editora Nacional.